Nahrung für die Seele

Erika J. Chopich und Margaret Paul

ENTDECKE DEIN INNERES KIND!

Verlag Hermann Bauer
Freiburg im Breisgau

Die Deutsche Bibliothek – CIP-Einheitsaufnahme

Chopich, Erika J.:
Entdecke dein inneres Kind! / Erika J. Chopich
und Margaret Paul. –
2. Aufl. – Freiburg im Breisgau : Bauer, 1997
   (Nahrung für die Seele)
   ISBN 3-7626-0552-1

Herausgegeben von Richard Reschika

2. Auflage 1997
ISBN 3-7626-0552-1
© 1997 by Verlag Hermann Bauer KG, Freiburg im Breisgau
Einband: Ralph Höllrigl, Freiburg im Breisgau
Satz: Fotosetzerei G. Scheydecker, Freiburg im Breisgau
Druck: Rombach GmbH, Druck- und Verlagshaus,
Freiburg im Breisgau
Bindung: Walter Industriebuchbinderei, Heitersheim
Printed in Germany

Inhalt

I.

VON DER LIEBE ZUM INNEREN KIND

Jeder von uns hat zwei verschiedene Persönlichkeitsaspekte: den Erwachsenen und das Kind. Wenn diese beiden Teile in Kontakt miteinander sind und zusammenarbeiten, entsteht ein Gefühl der Ganzheit. Wenn die beiden Teile jedoch nicht in Kontakt miteinander sind, sei es, daß wir verletzt sind, nicht richtig funktionieren können oder unreif geblieben sind, entsteht in uns ein Gefühl von Konflikt, Leere und Alleinsein.

Es ist sehr wichtig, das innere Kind klar und positiv wahrzunehmen. In unserem Kulturkreis sind Kinder traditionell weniger wert als Erwachsene – sie werden als weniger wichtig und als weniger klug angesehen. Als Kinder haben wir uns meistens als machtlos erlebt. Deswegen bedeutet Kindsein für uns fast immer Machtlosigkeit und Bedeutungslosigkeit. Darüber hinaus halten wir unser inneres Kind häufig für einen Störenfried, weil uns in der Kindheit sooft gesagt wurde, daß wir schlecht wären und Unruhe und Sorgen verursachen würden. Da man uns als Kind nicht wirklich wertgeschätzt hat, mag es für uns selbst jetzt ebenfalls schwer sein, das Kind in uns zu schätzen. Wir halten es für unwichtig, brechen den Kontakt zu ihm ab und setzen so unsere Kindheitserfahrungen endlos weiter fort. Unser inneres Kind wahrzunehmen und wertzuschätzen ist die wesentliche Voraussetzung, um eine heile, ganze Persönlichkeit zu werden.

Das innere Kind erlebt das ganze Spektrum intensiver Gefühle – Freude und Schmerz, Glück und Traurigkeit. Das innere Kind funktioniert in der Sphäre von *Sein, Fühlen und Erleben*, die der rechten Gehirnhälfte zugeordnet ist. Im Gegensatz dazu steht der Erwachsene, der über das *Machen, Denken und Handeln* der linken

Gehirnhälfte gebietet, zugleich aber ebenfalls über eine ganze Skala von Gefühlen verfügt. »Tun« bezieht sich auf die äußere Welt und auf Aktivität, während »Sein« sich auf die Existenz auf einer emotionalen und spirituellen Ebene bezieht. »Tun« ist eine äußere Erfahrung, während »Sein« eine innere Erfahrung ist.

Das Kind ist unsere instinktive Seite; es steht für die Gefühle, die »aus dem Bauch« kommen. Wir können das Kind auf unterschiedliche Weise betrachten: Als Kind, das vom inneren Erwachsenen geliebt wird, und als Kind, das nicht geliebt, das kritisiert, vernachlässigt und vom inneren Erwachsenen verlassen wird. Es gibt aber nur ein einziges inneres Kind. Zu jedem Zeitpunkt wird dieses Kind vom inneren Erwachsenen entweder geliebt oder nicht geliebt, und seine Gefühle und sein Verhalten resultieren direkt daraus, ob der innere Erwachsene die Wünsche, Bedürfnisse und Gefühle des Kindes kennenlernen und die Verantwortung für sie übernehmen möchte oder ob er sich vor diesem Wissen und dieser Verantwortung schützen will.

Wenn der innere Erwachsene sich davor schützen möchte, die Gefühle und Bedürfnisse des Kindes wahrzunehmen, und es ablehnt, die Verantwortung für sie zu übernehmen, dann trennt er sich durch die verschiedenen Formen von Selbstanklage, Vernachlässigung und Bequemlichkeit von seinem inneren Kind. Das Kind fühlt sich dann ungeliebt, verlassen und sehr allein. Es schließt daraus, daß es schlecht, falsch, nicht liebenswert, unwichtig und unzulänglich sei, sonst würde es nicht entweder ganz konkret von den Erwachsenen (Eltern und Großeltern) oder sogar von seinem inneren Erwachsenen im Stich gelassen werden. Die äußeren und inneren Trennungen rufen im Kind intensive Gefühle der Furcht, Schuld und Scham hervor; es fühlt sich in der Welt und in sich selbst allein und verlassen. Das Kind lernt auf diese Weise, sich vor Zurückweisung, Verlassenwerden und Kontrolle zu fürchten, zuerst von seiten der Bezugspersonen, seiner Umwelt und dann von Seiten des inneren Erwachsenen, und schließlich projiziert es diese Ängste auf andere und glaubt ganz allgemein, daß die anderen es ablehnen, es verlassen oder versuchen, es zu kontrollieren.

Das verlassene innere Kind hat ständig Angst davor, unrecht zu haben, weil es glaubt, daß die Reaktion darauf Ablehnung sei. Deshalb kämpft es darum, immer »das Richtige« zu tun, es wird süchtig nach Vorschriften und Regeln, um sich vor Ablehnung weitgehend zu schützen. Es strebt danach, perfekt zu sein, und glaubt, daß das möglich sei. Perfektionismus und die Angst vor dem Irrtum sind Symptome der inneren Trennung zwischen Erwachsenem und Kind.

Das innere Kind, das sich geliebt fühlt, ist das ursprüngliche innere Kind. Es ist die Quelle unserer Lebendigkeit, unserer Begeisterungsfähigkeit und unseres Potentials, uns zu wundern und in Erstaunen zu geraten. Das geliebte Kind in uns ist etwas so Kostbares und Schönes, daß ein auch nur sehr flüchtiger Kontakt mit ihm uns die Tür zu reiner Lebensfreude öffnet. Das geliebte Kind ist stark, dynamisch und voller Leidenschaft; es ist verspielt und neugierig und immer für neue Ideen und

Erfahrungen offen. Aus dem natürlichen inneren Kind fließen unsere Kreativität, unsere Intuition und unsere Fähigkeit, anderen Menschen zu vertrauen. Wenn das innere Kind eines Heranwachsenden von seinen Bezugspersonen geliebt wurde oder wenn der innere Erwachsene es geschafft hat, es längere Zeit liebevoll zu betreuen, ist es weich, sensibel, flexibel und sehr liebevoll. Im geliebten inneren Kind liegt unser Wissen von der grundsätzlichen Gleichheit aller Menschen und der inneren Verbindung aller Lebewesen. Das geliebte innere Kind ist im ganzheitlichen, nichtlinearen Sinne weise und wissend, das heißt, es vermag aus einer Gesamtheit vieler und gleichzeitiger Erfahrungen und Eindrücke

Schlüsse zu ziehen und hält sich nicht an das schrittweise, logische und lineare Denken, das der innere Erwachsene praktiziert.

Das Kind, das die Welt holistisch und nicht logisch-linear betrachtet, ist Träger unserer Fähigkeit zur tiefen emotionalen und spirituellen Verbindung zu uns selbst und zu den anderen. Das geliebte innere Kind kann uns sagen, was wir spüren und wünschen, weil es ein deutliches *Gefühl* dafür hat, was ihm guttut und was ihm schadet. Es ist das geliebte innere Kind in uns, das weiß, was das Beste für uns ist, was angenehme und was unangenehme Gefühle in uns hervorruft. Diese Gefühle informieren uns sehr präzise darüber, was uns glücklich oder unglücklich macht. Menschen, die mit ihrem inneren Kind nicht in Kontakt sind, haben zu vielen ihrer Gefühle und damit zur Quelle dieses Wisses keinen Zugang.

Unsere Gesellschaft schätzt die Logik außerordentlich hoch ein, während sie die Weisheit, die aus den Gefühlen kommt, abwertet, sie mißt der linken Gehirnhälfte große Bedeutung bei, während sie die rechte ignoriert. Dadurch wurde ein erschreckendes Ungleichgewicht geschaffen: die Macht der Logik ohne die Macht der Weisheit. Weisheit ist die Summe aller unserer Erfahrungen, die als Gefühle gespeichert sind. Wenn Sie nicht *fühlen* können, was wahr ist, dann heißt das, daß Sie Ihre Weisheit nicht nutzen können.

Viele Menschen, die ihre Gefühle und die Weisheit des Kindes verleugnen, haben versucht, sich eher durch das Handeln als durch das Handeln *und* Sein eine Identität zu schaffen. Hängt die Identität eines Menschen nur damit zusammen, was er tut? Und was ist mit unserer Existenz, unserem bloßen Da-Sein? Was ist mit unserer Weichheit, Zärtlichkeit, Intuition, unserem Einfühlungsvermögen, unserer Wahrnehmungsfähigkeit und unseren Gefühlen? Was ist mit unserer Neugier, Spontaneität und Verspieltheit? Wir werden unsere Kraft und Weisheit solange nicht voll ausschöpfen können, bis wir erkennen, daß jene Eigenschaften genauso wichtig sind wie unsere äußeren Leistungen.

Das geliebte Kind hat Mitgefühl – es kann die Gefühle anderer nachempfinden. Es ist dieser Aspekt unserer Persönlichkeit, der andere retten und von ihrem Schmerz erlösen möchte. Dem geliebten inneren Kind tut es weh, wenn es andere leiden sieht, und es möchte etwas tun, um ihren Schmerz zu lindern. Der liebevolle Erwachsene muß dem Kind helfen zu erkennen, wann das Bedürfnis zu helfen ein Akt der Liebe ist und wann es zur Bevormundung wird.

Das geliebte Kind ist verspielt und phantasicvoll. Menschen, die in Kontakt mit diesem lustvollen und lebendigen Aspekt ihrer Persönlichkeit sind, strahlen Begeisterung und Lebensfreude aus. Menschen, die in Verbindung mit ihrem inneren Kind sind, reagieren auf das Leben voller Spontaneität und Lebendigkeit. Sie sind im positiven Sinne spontan; sie sind weder impulsiv und unkontrolliert noch zurückgezogen und gehemmt.

Es besteht ein großer Unterschied zwischen »kindlich« (lebhaft und spontan) und »kindisch« (impulsiv und unkontrolliert). Dieser Unterschied wird oft ignoriert, und der spontane Mensch, die verspielte und phantasievolle Persönlichkeit, die noch fähig ist, sich zu wundern, wird für unreif oder naiv gehalten; man hält ihr vor, sie müsse doch endlich erwachsen werden. Deswegen lassen viele Menschen ihr inneres Kind im Stich oder versuchen wenigstens, es zu verstecken. Erwachsene, die von ihrem inneren Kind abgetrennt sind, tun sich schwer damit, zu spielen und Vergnügungen zu haben. Für die meisten von ihnen bedeutet Spielen und Sichvergnügen, bestimmten typischen Erwachsenenaktivitäten nachzugehen, zum Beispiel an einer offiziellen Party teilzunehmen, ein elegantes Restaurant zu besuchen oder einen Film anzuschauen, einen sportlichen Wettkampf zu beobachten, sich zu betrinken oder mit Drogen zu betäuben.

Das innere Kind ist für unser Wohlbefinden von entscheidender Bedeutung. Unsere Fähigkeit, uns zu freuen und Spaß zu haben, hängt von der Tiefe der Verbindung zu unserem inneren Kind ab. Echtes Spielen ist etwas ganz anderes als nur eine der genannten Erwachsenenaktivitäten, und es ereignet sich eher spontan als geplant. Dem echten Spielen liegt eine spielerische Einstellung zugrunde, die sich überall verwirklichen kann. Unsere Freude am Spiel können wir im Zoo oder auf einer Schaukel ausleben oder auch beim Schlangestehen auf dem Markt oder beim Kochen – wir spüren sie, wenn wir in Kontakt mit unserer Lebensfreude sind. Diese Freude ist ein fließendes, berauschendes

Gefühl, das unsere Fähigkeit zu lachen aktiviert. Wann haben Sie sich das letzte Mal wirklich gehenlassen und Ihre Lebensfreude gespürt? Oft erlauben wir uns das nur, wenn wir frisch verliebt sind. Irgendwie können wir es Verliebten zugestehen, zu springen, zu tanzen, zu singen, sich zu kitzeln und wie Kinder zu spielen, während wir dasselbe Verhalten bei denen, die nicht verliebt sind, als unangemessen ansehen. Vielleicht ist es gerade dieser Aspekt des Verliebtseins, den wir alle als so anziehend und belebend empfinden. Viel zu schnell jedoch beschließen frisch Verliebte, daß es nun an der Zeit sei, sich verantwortungsbewußt zu verhalten (in der Überzeugung, dies heiße, das innere Kind zu ignorieren). Sie spalten dann das innere Kind ab und schlagen sich ganz auf die Seite des Erwachsenen oder auf die Seite des verlassenen Kindes. Oder ihre Angst vor Zurückweisung und Kontrolle gewinnt die Oberhand, und ihre Schutzmechanismen treten in Kraft. Nach und nach distanzieren sie sich von den Gefühlen des Kindes. Manchmal entscheiden sie sich, sich von dem betreffenden Partner zu trennen, und suchen sich einen neuen Spielkameraden, und der Kreislauf beginnt aufs neue. Eine solche Entwicklung ist meist nicht nötig, wenn Sie für Ihre eigenen Gefühle die Verantwortung übernehmen und sich darauf einlassen, mit Ihrem inneren Kind zu lernen.

Unsere Sinnlichkeit – das tiefe Erleben von Berührung, Geschmack, Geruch und Gehör – gehört zum inneren Kind. Kinder sind sinnliche Wesen. Sie nehmen das Leben mit ihrem Körper, mit ihren Sinnen wahr. Sie lassen sich auf jede Erfahrung ganz vorurteilsfrei und unschuldig ein, da sie ganz und gar im Augenblick leben. Sie gehen frei und mit schwingenden Armen, und sie singen, wenn ihnen danach ist. Sie berühren fast alles, was sie sehen. Das Wichtigste jedoch ist, daß sie es lieben, zu umarmen und umarmt zu werden! Genau so werden *wir selbst,* wenn wir die Verbindung zu unserem inneren Kind aufnehmen. Die meisten von uns sagen zu sich selbst: »Es gibt eine Zeit zum Spielen und eine Zeit zum Arbeiten, und wenn es Zeit zum Spielen ist, *dann* werde ich mit meinem inneren Kind Kontakt aufnehmen.« Aber stellen Sie sich vor, wie heiter Ihr Leben dahinfließen würde, wenn Sie die meiste Zeit, und sogar die Arbeitszeit an einem verspielten, kreativen, lustvollen Ort verbringen würden.

II.

VOM LIEBEVOLLEN ERWACHSENEN

Der erwachsene Teil in uns kommt nicht plötzlich zur Welt, sobald wir achtzehn werden. Von unserer Geburt an entwickeln wir sowohl den Persönlichkeitsanteil des Kindes als auch den des Erwachsenen in uns.

Der Erwachsene ist der logische, der denkende Teil in uns. Die Gefühle des Erwachsenen sind das Ergebnis seines Denkens. Beim Kind dagegen entspringen die

Gedanken seinen Gefühlen. Der Erwachsene ist eher am Tun als am Sein interessiert, eher am Handeln als am Erleben. Wir können uns den Erwachsenen als das Yang, das Männliche oder den Aspekt der linken Gehirnhälfte vorstellen und das Kind als das Yin, das Weibliche oder den Aspekt der rechten Gehirnhälfte. Wir können den Erwachsenen mit dem bewußten Verstand, dem linear denkenden Intellekt gleichsetzen.

Der Erwachsene ist die Entscheidungsinstanz im Hinblick auf unsere Absichten und Handlungen. Es ist immer der Erwachsene, der darüber entscheidet, ob wir uns schützen wollen oder ob wir lernen wollen, und der die entsprechenden Aktionen auswählt, die der Realisierung unserer Absicht dienen. Der Erwachsene muß die Aufgabe des liebevollen Bemutterns übernehmen – die alten Wunden heilen und die falschen Überzeugungen durch die Wahrheit ersetzen –, und er muß sich weigern, die negativen und selbstzerstörerischen Verhaltensmuster des verlassenen Kindes zu tolerieren. Das innere Kind wird erst dann neugierig werden und sich für das Lernen öffnen, wenn der Erwachsene beschlossen hat, zu lernen und das Kind geduldig und unbeirrbar zu lieben.

Unser innerer Erwachsener kann ein liebevoller oder ein liebloser Erwachsener sein – mit anderen Worten, ein Erwachsener, der beschlossen hat zu lernen, oder ein Erwachsener, der sich entschieden hat, sich zu schützen. *Wir sind liebevoll, wenn wir unser eigenes emotionales und spirituelles Wachstum und das anderer Menschen fördern und unterstützen wollen und wenn wir persönliche Verantwortung für unsere Gefühle übernehmen* – das heißt, wenn wir nicht als Opfer handeln und nicht andere für unsere Handlungen und Reaktionen und das sich daraus ergebende Glück oder Unglück verantwortlich machen. Darüber hinaus bedeutet liebevolles Verhalten, sich selbst gegenüber ehrlich zu sein, und es bedeutet, sich selbst und andere nicht zu beschuldigen oder herunterzumachen. Liebevolles Verhalten ist Ausdruck der inneren Harmonie Ihrer Persönlichkeit und stärkt so Ihre Selbstachtung und das Gefühl der Integrität. Liebevolles Verhalten Ihrem inneren Kind gegenüber heißt, daß Sie die Verantwortung für Ihre Gefühle übernehmen, indem Sie zusammen mit Ihrem Kind die falschen Glaubensmuster kennenlernen, die Ihren Schmerz verursachen. Es bedeutet, daß Sie sich einen liebevollen und unterstützenden Bereich schaffen, in dem Sie alte Wut und alten Schmerz durchleben können, und daß Sie entdecken, was Ihnen Freude macht, und

Ihre Handlungen auf diese Freude hin ausrichten.

Der liebevolle Erwachsene – der Erwachsene also, der von und mit dem inneren Kind lernen möchte – ist der dynamische, engagierte, mutige Persönlichkeitsanteil in uns, der Teil, der durch ethische Grundsätze und durch Integrität bestimmt ist. Der liebevolle Erwachsene *setzt sich dafür ein* zu lernen, das innere Kind zu umsorgen. Er bemüht sich darum, das innere Kind kennenzulernen, zu lieben, zu unterstützen und in Kontakt mit ihm zu sein. Der liebevolle Erwachsene in uns bringt den *Mut* auf, in unser Inneres zu schauen, uns mit uns selbst zu konfrontieren und uns kennenzulernen. Dies ist der positive innere Elternteil, der Teil in uns, der unsere alten Kindheitswunden heilen und falsche Überzeugungen durch die Wahrheit ersetzen kann. Dieser Teil kann konstruktiv und im Interesse der Gefühle und Bedürfnisse des inneren Kindes handeln. Er kann aktiv die Wünsche, Bedürfnisse, Sehnsüchte und kreativen Ideen des Kindes realisieren. Das Kind ist hungrig – der Erwachsene bereitet ihm eine Mahlzeit zu. Das Kind ist müde – der Erwachsene geht zu Bett und macht das Licht aus. Das Kind möchte Kontakt zu anderen haben – der Erwachsene nimmt das Telefon und ruft jemanden an. Das Kind visualisiert das Bild, und der Erwachsene malt es auf die Leinwand.

Der Erwachsene drückt durch sein Handeln die Bedürfnisse und Gefühle des Kindes und auch des Erwachsenen aus. Wenn wir nur fühlen, ohne daß wir unseren Erwachsenen diese Gefühle in Handlungen umsetzen lassen, dann bleiben wir stecken. Gleichermaßen sind Taten, die nicht vom Gefühl getragen werden, nichtssagend und leer. Wenn Sie zum Beispiel einem anderen Menschen gegenüber warme Gefühle hegen, diese aber nicht durch irgendeine Geste ausdrücken, dann wird dieser andere nie einen tiefen Eindruck von Ihnen bekommen. Wenn Sie jedoch Zärtlichkeit demonstrieren, ohne ein Gefühl der Liebe zu empfinden, dann ist diese Aktion bedeutungslos und kann sogar manipulativ sein. Aus diesem Grund ist der Kontakt und das Gleichgewicht zwischen diesen beiden Seiten in uns so wichtig. Wenn der liebevolle Erwachsene und das geliebte Kind zusammenarbeiten, sind wir mit uns selbst in Einklang.

Der liebevolle Erwachsene ist dem inneren Kind gegenüber weder autoritär noch gleichgültig. Er zwingt dem Kind seinen Willen und seine eigene Art zu handeln nicht auf, aber er versteht es, dem

Kind Grenzen zu setzen. Das innere Kind möchte vielleicht den ganzen Tag Süßigkeiten naschen, aber der liebevolle Erwachsene weigert sich, diesem Bedürfnis entsprechend zu handeln. Statt dessen fragt der liebevolle Erwachsene das Kind, warum es diesen Wunsch hat, warum es sich so leer fühlt, daß es sich mit Süßigkeiten füllen muß. Der liebevolle Erwachsene macht dem Kind keine Vorwürfe, weil es bestimmte Wünsche und Gefühle hegt, er sagt dem Kind nicht, daß es unrecht habe oder schlecht sei. Der Erwachsene weiß, daß das Kind für seine Gefühle wichtige Gründe hat, und er handelt in der Absicht, diese Gefühle kennenzulernen.

Der liebevolle Erwachsene ist dem Kind

gegenüber nicht derart nachgiebig, daß er ihm erlaubt, sich anderen gegenüber lieblos zu verhalten. Nehmen wir einmal an, das innere Kind ist auf jemanden wütend. Der liebevolle Erwachsene ist sensibel genug, diese Wut wahrzunehmen und zu verstehen, und hilft dem Kind, sie in angemessener Weise auszudrücken. Er erlaubt aber dem Kind nicht, seine Wut an anderen auf eine Art auszuleben, die manipulativ oder verletzend ist, indem es andere schikaniert, bedroht oder körperlich angreift.

Der liebevolle Erwachsene verläßt das Kind nicht, wenn es wütend, verletzt oder traurig ist, noch sagt er dem Kind, daß andere für diese Gefühle verantwortlich seien. Der Erwachsene weiß, daß diese Gefühle von innen kommen, aus tiefsitzenden Ängsten und Überzeugungen, daß sie nicht von jemand anderem *verursacht* wurden, und er ist da, um die Gefühle des Kindes wahrzunehmen und zu verstehen und seine Selbstheilungskräfte zu unterstützen. Darüber hinaus schützt der Erwachsene das Kind davor, Dinge persönlich zu nehmen, indem er dem Kind immer die Wahrheit sagt.

Der liebevolle Erwachsene ist eine mächtige, kompetente Persönlichkeit in dem Sinne, daß er Macht hat: Macht über das Selbst, über seine Entscheidungen und die Fähigkeit, die Träume des Kindes zu verwirklichen. *Das Wichtigste, was wir für uns selbst tun können, ist, uns bewußtzumachen, wie lieblos wir mit uns umgehen und was es bedeutet, ein liebevoller Erwachsener für unser inneres Kind zu werden.*

Die Art, wie wir unser inneres Kind behandeln, ist ausschlaggebend für alles andere in unserem Leben. Wenn wir unser inneres Kind lieblos behandeln, werden wir abhängig von Dingen, Menschen oder Handlungen. Wir werden ängstlich, besorgt, depressiv, leiden unter Schmerzen, Leere, Bedürftigkeit, geringer Selbstachtung, einem unerträglichen Gefühl des Alleinseins und physischer wie psychischer

Krankheit. Die Schwere einer Geisteskrankheit entspricht dem Grad der Spaltung zwischen dem inneren Erwachsenen und dem inneren Kind. Wir werden verrückt, wenn wir das Alleinsein und den tiefen Schmerz des inneren Kindes nicht sehen und fühlen wollen. Wenn wir unser inneres Kind liebevoll behandeln, schaffen wir die innere Verbindung, die die Leere in uns füllt, und wir müssen diese Leere nicht von außen, durch Sucht oder Abhängigkeit, zustopfen. Je mehr wir lernen, unser inneres Kind liebevoll zu behandeln, desto tragfähiger und sicherer wird die innere Verbindung. Das bringt uns Frieden, Freude, Kraft und Ganzheit und schützt uns davor, uns aufzugeben, um von anderen geliebt zu werden.

III.

VON DER WEISHEIT DES HÖHEREN SELBST

Das höhere Selbst ist die Verbindung zwischen dem liebevollen Erwachsenen und dem geliebten inneren Kind.* Die Verbindung und das Gleichgewicht zwischen den beiden – zwischen dem Erwachsenen und dem Kind, dem Gott und der Göttin, dem Männlichen und dem Weiblichen, Yin und Yang –, das ist das höhere Selbst.

Wir definieren das höhere Selbst als unsere Ganzheit, unsere Fähigkeit zu lieben und unser Gefühl persönlicher Stärke – als unsere wahre Identität. Es ist das, was wir sind, wenn wir mit dem Universum verbunden sind. Wir glauben, daß diese Verbindung mit dem Universum dann eintritt, wenn wir die innere Verbindung zwischen dem Erwachsenen und dem Kind herstellen. Im höheren Selbst sind wir, wenn wir wirklich authentisch, verbunden und mitfühlend sind. In der inneren Verbundenheit des höheren Selbst sind wir voller Liebe, Empathie und Vergebung. Wir sind dann in dem wunderbaren Zustand, der uns befähigt, aus unserer Weisheit schöpfen zu können, aus der Weisheit, die direkt aus dem Universum fließt.

Das höhere Selbst ist die Essenz der

Kraft, das erzeugende, nährende, leben-spendende und lebenerhaltende kreative Element in uns und im Universum. Aus dem Gleichgewicht zwischen Gott und Göttin, zwischen Männlichem und Weib-lichem kommt alles Leben. Das höhere Selbst ist gewaltlos, es tötet nie und zerstört nie. Es spendet nur Leben und Liebe und ist deswegen der Inbegriff des Friedens.

Der Zustand des höheren Selbst ist der machtvolle Heilerzustand der Schamanen. Die Schamanen schöpfen aus ihrer soge-nannten »weiblichen« Seite, die wir inneres Kind nennen, um zu heilen. Erst durch die Erwachsener-Kind- oder Männlich-Weib-lich-Verbindung lernt der Schamane, mit dem inneren Auge zu sehen und zu verstehen und dadurch zu heilen. Wenn ein Mensch offen ist, zu lernen und zu heilen, dann kann die Kraft, Weisheit und Zärtlichkeit des höheren Selbst jede Verletzung heilen, alle Schmerzen lindern und jeden Ärger besänftigen. Das höhere Selbst in uns aktiviert das Immunsystem und schafft dadurch eine ausgezeichnete körperliche Gesundheit.

Wenn wir ein besonders starkes und strömendes Gefühl der Liebe und Verbundenheit mit der ganzen Menschheit spüren, dann liegt der Grund darin, daß wir in uns selbst verbunden sind; wir sind unser höheres Selbst.

Das Ziel des höheren Selbst ist zu lernen, zu lieben und in ein Gefühl der grenzenlosen Freude hineinzuwachsen. Das höhere Selbst urteilt nicht, es hat weder Angst noch Sorge, und es verleugnet nicht; es lebt völlig »in der Gegenwart«. Obwohl die meisten von uns immer wieder einmal ein solches Gefühl verspüren, können wir uns kaum vorstellen, Tag für Tag in diesem wundervollen Zustand zu leben. Wir alle können entscheiden, unser höheres Selbst zu sein, wenn wir beschließen, eine liebevolle Verbindung mit unserem inneren Kind herzustellen. Die meisten von uns leben jedoch schon so lange in der Abgetrenntheit, daß sie nicht mehr wissen, wie sie mit sich selbst in Kontakt kommen sollen. Manche von uns haben das vielleicht noch nie in ihrem Leben gelernt. Es ist die innere Abgetrenntheit zwischen dem Erwachsenen und dem Kind, aus der das Ego entsteht.

Wir verwenden den Begriff Ego, um das falsche Selbst zu bezeichnen, das auch auftaucht, wann immer wir entscheiden, uns abzublocken, anstatt zu lernen. Als wir in unserer Kindheit auf äußere Ablehnung reagierten, indem wir uns selbst ablehnten, schnitten wir den inneren Kontakt ab, und das Ego entwickelte sich. Die meisten von uns haben sich selbst bis zu einem gewissen Grad abgetrennt und verlassen, aber es gibt einige wenige Kinder, die sich selbst niemals verlassen haben.

Das Ziel des Ego ist es, uns gegen das Alleinsein zu schützen und, anstatt Liebe zu geben, Liebe zu bekommen. Das Ego weiß nicht, wie man liebevoll ist. Es ist der Teil von uns, der kritisch, vorwurfsvoll, anklagend, verängstigt, ärgerlich und defensiv ist. Das Ego manifestiert sich als der lieblose Erwachsene und das ungeliebte, verlassene Kind.

Die Aufgabe des Ego ist es, Sie oder andere in der Hoffnung zu wiegen, es sei möglich, Verlassenheit und Ablehnung zu vermeiden. Paradoxerweise ist es jedoch die innere Abgetrenntheit, durch die das Ego überhaupt entsteht und durch die die innere Erfahrung der Isolation, des Verlassenseins, der Zurückweisung und des Alleinseins verursacht wird. Es ist diese Abgetrenntheit, die den Streß erzeugt, in dem so viele von uns täglich leben. Dieser Streß schwächt das Immunsystem und macht dadurch den Körper für Krankheit empfänglich.

Der Körper und das Ego gehen Hand in Hand. Sie sind miteinander verbunden, weil sie beide vergänglich sind. Das Ego meint, der Körper sei die einzige Realität. Das Ego glaubt nicht, daß wir die spirituelle Liebesenergie unseres höheren Selbst sind. Da das Ego uns nur als äußere, physische Form sieht, sind wir für das Ego nicht »richtig«, wenn die Form nicht »richtig« ist.

Wenn diese Form nicht mehr exisiert, dann existieren wir nach Meinung des Ego auch nicht mehr. Die enge Verknüpfung von Körper und Ego ist die Basis für Krankheiten, denn eine Krankheit spiegelt die Überzeugungen des Ego im Körper. Sehr oft versucht das Ego, die Kontrolle über uns zu behalten, indem es uns falsche Überzeugungen über unseren Körper einflüstert. Unsere geringe Selbstachtung resultiert sehr stark aus den selbst-begrenzenden Ego-Überzeugungen, die wir über unseren Körper haben.

Die vollkommene innere Verbindung ist Erleuchtung. Wir persönlich kennen jedoch niemanden, der erleuchtet ist, und nehmen deshalb an, daß die Stimme des Ego uns möglicherweise ein Leben lang begleiten wird. Aber wir haben die Wahl, von ihr kontrolliert zu werden oder uns für das Lernen zu entscheiden. Diese Entscheidung wird leichter, wenn wir erkennen, daß das Ego immer lügt. Es denkt und fühlt falsch und verzerrt, und in Wahrheit brauchen wir uns nicht länger von seinen Überzeugungen beherrschen zu lassen. Da wir Menschen sind, ist es jedoch unsere Aufgabe, uns damit auseinanderzusetzen. Wachstum und inneres Verbundensein sind jedoch das letzte, was das Ego sich für uns wünscht, denn es fürchtet, es würde die Kontrolle verlieren oder sogar sterben. Wenn wir also zu wachsen beginnen und liebevoll Kontakt mit unserem inneren Kind aufnehmen, dann versucht das Ego sogar, noch mehr Macht auszuüben. Es überschüttet uns mit noch mehr Lügen und erzählt uns, daß wir sicher in noch größere Schwierigkeiten kommen oder sterben oder am Ende allein sein würden, wenn wir weiterhin nach Freiheit und Verbindung mit unserem inneren Kind strebten. In dem Maße jedoch, wie wir uns der liebenden und umsorgenden Kraft des liebevollen Erwachsenen bewußt werden, können wir diese Kraft in uns dafür verwenden, die Ängste des Ego in die Wahr-

heit, in die Liebe, die wir in uns haben, um-
zuwandeln. Wir können lernen, uns darauf
zu verlassen, daß der liebevolle Erwachsene in uns das ungeliebte Kind umsorgt
und dadurch das Leid und die Angst des
Ego heilt.

IV.

VON DER INNEREN VERBINDUNG
MIT UNS UND DEN ANDEREN

Es ist leichter, das Konzept der inneren Verbindung zu verstehen, wenn Sie fühlen können, wo in Ihrem Körper das innere Kind und der Erwachsene lokalisiert sind. Das Kind, die instinktgelenkte Seite in uns, lebt im Zentrum des Körpers, im Solarplexus, im Bauch oder in dem Bereich, den man häufig als das dritte Chakra bezeichnet (die Chakras sind, entsprechend hinduistischer Tradition, die Energiezentren).

Wenn jemand sagt, er habe »aus dem Bauch heraus« reagiert, dann bezieht er sich damit auf das Erleben des Kindes. Wenn wir als Kinder und als Heranwachsende lernen, unseren »Bauch«-Reaktionen zu vertrauen, dann sind wir uns ganz deutlich bewußt, was wir in diesem Bereich unseres Körpers fühlen. Wenn wir dagegen gelernt haben, unsere Gefühle zu verleugnen, entweder weil der Schmerz, den wir in der Kindheit empfunden haben, zu groß war und wir deshalb, um überleben zu können, »zugemacht« haben oder weil uns unsere persönliche Wahrheit zuviel Zurückweisung eingebracht hat, dann fühlt sich dieser Bereich unseres Körpers vielleicht leer, tot oder taub an. In anderen

Fällen nehmen Menschen durchaus unterschiedliche Gefühle in diesem Bereich wahr. Aber sie achten nicht auf deren Botschaft, weil man ihnen beigebracht hat, diesen Gefühlen oder instinktiven Reaktionen zu mißtrauen.

Die Denkprozesse eines Erwachsenen spielen sich im Kopf ab. Der Persönlichkeitsanteil des liebevollen Erwachsenen, der sich entschlossen hat, die Lektionen des Lebens zu lernen, ist ein Energiekreis, der zwischen dem Kopf und dem Herzen, dem vierten Chakra, zirkuliert. Das bedeutet, daß die Gedanken des liebevollen Erwachsenen von Liebe und Mitgefühl, die aus dem Herzen fließen, getragen werden. Da der Herzkanal geöffnet ist, kann der Erwachsene seine Aufmerksamkeit ungestört auf das dritte Chakra, die Gefühle des Kindes, lenken, um diese Gefühle kennenzulernen und von ihnen zu lernen. Wenn dies geschieht, wird ein Energiekreis zwischen dem Kopf, dem Herzen und dem Bauch geschlossen. Dies ist die innere Verbindung. Der Erwachsene erspürt die Gefühle des Kindes und öffnet sich, diese Gefühle kennenzulernen, zu verstehen und ihnen entsprechend zu handeln, während das Kind die Liebe, Unterstützung und das Wissen des Erwachsenen fühlt. Das Herz ist offen, anderen Menschen etwas zu geben und von ihnen etwas zu empfangen, weil es für das Selbst offensteht.

Der lieblose Erwachsene, der die Entscheidung getroffen hat, sich vor Schmerz, Furcht, Unbehagen und vor seiner Verantwortung für das Kind zu schützen, trennt sich von seinen Herzen. Wenn er sich schützen will, dann krampft sich das Herz möglicherweise zusammen und fühlt sich eng an, oder es entsteht nur einfach ein Gefühl der Leere. Wenn das Herz verschlossen ist, dann gibt es keinen Zugang zum Kind; das Kind wird verlassen.

Wir alle sehnen uns nach einer tiefen emotionalen und spirituellen Verbindung mit einem anderen Menschen. Verbindung ist das Gefühl der Ganzheit und Einheit, das in uns entsteht, wenn wir mit unserem inneren Kind in Harmonie sind, und das Gefühl des Einsseins, das wir mit jemand anderem erleben, wenn jeder von beiden für sein Kind und daher auch für den anderen offen ist. Verbindung ist ein intakter Kreis von Liebesenergie, die zwischen dem Erwachsenen und dem Kind strömt, zwischen dem jeweiligen höheren Selbst von zwei oder mehr Menschen und zwischen dem höheren Selbst eines einzelnen und der universalen Gott-/Göttin-Energie. Verbindung mit uns selbst schenkt uns ein Gefühl des Friedens und der Freude. Verbindung mit anderen und dem Universum ist ein Gefühl von tiefem Frieden und intensiver Freude. Es ist tatsächlich das schönste Gefühl, das wir überhaupt erfahren können. Das ist es, worum es in der Liebe geht.

Viele Menschen versuchen, durch Meditation ein Gefühl der Verbindung mit Gott oder dem Universum zu erlangen. Ob sie dies erreichen oder nicht, hängt von der *Absicht* ab, die sie damit verknüpfen. Wenn die Absicht darin besteht zu lernen, dann kann die Meditation, vor allem wenn Sie sich dabei stark auf die Atmung konzentrieren, Sie dahingehend öffnen, daß Sie Ihr inneres Kind erleben. Auf der anderen Seite können Sie Ihre Gefühle für das innere Kind abschneiden, indem Sie flach atmen oder den Atem anhalten. Wenn Sie aber beabsichtigen, sich selbst kennzulernen, dann kann Ihr Atem Ihnen helfen. Während Sie eine immer intensivere Verbindung mit Ihrem inneren Kind herstellen und Ihr Herz sich öffnet, fühlen Sie die universale Verbindung zu Gott und zur Göttin. Aber wenn Ihre Absicht darin besteht, die eigentliche seelische Arbeit zu vermeiden und nur eine direkte Verbindung zu Gott herzustellen, werden Sie einerseits niemals Ihr Ziel erreichen, und andererseits sind Sie dabei, die Meditation selbst als ein Suchtmittel zu benutzen. Sie versuchen, sich Ihre guten Gefühle aus einem Bereich außerhalb Ihrer selbst zu holen. Universale Vebindung wird nur durch das höhere Selbst erreicht, durch die innere Verbindung zwischen dem Erwachsenen und dem Kind.

Je enger Sie mit Ihrem *inneren Kind* in Kontakt kommen, desto intensiver werden Sie auf natürlichem Wege eine Verbindung mit dem Universum erleben. Einen Zustand der Unbegrenztheit, in dem Sie spüren, daß Liebe und universale Weisheit in Sie hineinfließen. Diese transzendentale Erfahrung ist jedem zugänglich, der gewillt ist, die notwendige Arbeit der Wiederherstellung des Energieflusses zu leisten.

Frauen haben in ihrern Freundschaften mit anderen Frauen häufig ein Gefühl der Verbundenheit, fühlen sich jedoch bei ihren Versuchen, eine Verbindung mit den

Männern in ihrem Leben herzustellen, frustriert. Der Grund dafür ist, daß unsere Kultur die Männer nicht dazu ermutigt, ihre weiblichen Anteile, ihr inneres Kind, zu integrieren, ähnlich wie sie Frauen nicht dazu ermutigt, ihre männlichen Anteile, den Erwachsenen, in sich zu integrieren.

Wenn wir uns die Freundschaften von Männern und Frauen näher anschauen, dann stellen wir fest, daß Männer häufig Gespräche führen, in denen es um Arbeit, Politik und Sport geht, um Themen also, bei denen der Erwachsene zu Wort kommt. Frauen jedoch, die eng miteinander befreundet sind, besprechen häufig sehr intensiv ihre Gefühle und Einstellungen. Sie tauschen sich über ihre intimsten

Gedanken aus, und sie lernen mit Hilfe der Neugierde des Kindes. Sie durchleben ihre Beziehungen im allgemeinen auf einer sehr viel tieferen emotionalen Ebene. Häufig finden Männer dieses Gefühl einer intensiven Verbindung nur bei einer Frau. Frauen finden es andererseits schwierig, diese Verbindung mit einem Mann herzustellen, weil Männern das Bewußtsein für die Gefühle, die vom Kind ausgehen, fehlt.

Wir alle wünschen uns Verbindung mit anderen Menschen – wahrscheinlich mehr als alles andere auf dieser Welt. Aber viele Menschen glauben, daß ihnen eine solche Verbindung vom anderen geschenkt werden muß, daher kommen sie nie so weit, sie zu erleben. Nur wenn wir uns unserem

eigenen inneren Kind öffnen, stehen wir
auch für eine Verbindung mit anderen
Menschen offen. Wenn wir in unserem
Ego sind, dann ist es so, als würden wir die
Tür zum Kreis der Liebesenergie schlie-
ßen. Dann versuchen wir, da wir uns so
schmerzlich isoliert und leer fühlen, eine
Verbindung mit anderen durch Kontrolle
oder Anpassung herzustellen. Vielleicht
»tun« wir nett oder liebevoll, um Kontakt
zu einem anderen Menschen herzustellen,
und erkennen dabei nicht, daß wir zunächst einmal eine Verbindung mit unserem eigenen inneren Kind herstellen müssen, bevor die Tür sich öffnet. Wenn dies
dann wirklich geschehen ist, fühlen wir uns
liebevoll, und unser Verhalten ist ein ehr-

licher Ausdruck unserer Gefühle und nicht nur eine aufgesetzte Geste.

Die innere Verbindung, die Erfahrung des Ganzseins und des Einsseins mit dem höheren Selbst geschieht, wenn unser Erwachsener in einen liebevollen Dialog mit dem inneren Kind eintritt. Das Ego mit seinem immanenten Gefühl des Getrenntseins gewinnt die Oberhand, wann immer unser Erwachsener sich zu einem lieblosen inneren Dialog entschließt oder wann immer unser Erwachsener es dem Kind überläßt, die Dinge allein zu regeln.

Das Ego lebt in der Vergangenheit und in

der Zukunft. Wenn wir in unserem Ego sind, dann projizieren wir unsere Erfahrungen und Anschauungen aus der Vergangenheit in die Zukunft. Furcht und Angst sind das Ergebnis. Wir fürchten und ängstigen uns, weil wir glauben, uns würde etwas Schlimmes passieren – wir würden scheitern, zurückgewiesen werden, unrecht haben, man könnte uns auslachen, oder wir würden jemanden verlieren, den wir lieben. Wir glauben dann, solche schmerzhaften Gefühle nicht bewältigen zu können. Von unserem Ego aus gelingt es uns nicht, mit anderen Menschen in Verbindung zu treten, weil wir im Egozustand nicht mit uns selbst in Kontakt sind. Wir können keine Verbindung aufnehmen, wenn wir uns fürchten oder wenn wir ängstlich sind, weil wir nur dann Kontakt spüren, wenn wir ganz und gar in der Gegenwart leben. Wenn wir im Augenblick leben, dann sind wir in unserem höheren Selbst.

Wenn wir auf das Ergebnis einer Interaktion fixiert sind, dann leben wir nicht im Augenblick. Wenn es unser Ziel ist, einen Kontakt *herzustellen,* oder wenn wir erwarten, daß wir Spaß oder Sex haben werden, daß man uns lieben wird, daß wir Zustimmung bekommen oder Mißbilligung vermeiden, dann leben wir nicht im Augenblick, sondern in der Zukunft. Jedesmal wenn wir versuchen, etwas zu *bekommen* oder etwas zu »machen«, dann sind wir in der Zukunft, in unserem Ego. Wenn es also im Kontakt zwischen zwei Menschen um ein Ziel oder eine bestimmte Erwartung geht, dann haben wir es mit Manipulation zu tun. Ein wirklicher Kontakt, eine wirkliche Verbindung ensteht nur dann, wenn beide mit ihren Gefühlen und ihrem Bewußtsein völlig im Augenblick leben. Wenn der eine oder der andere auf das Ergebnis fixiert ist, dann sind seine Gedanken bei dem Versuch, sein Ziel zu erreichen, auf die Zukunft gerichtet, und er verliert in jeder Sekunde den Kontakt zu sich selbst und zu dem anderen. Sie können sich dessen, was Sie fühlen oder was der andere fühlt, nicht bewußt sein, wenn Sie sich Sorgen machen, ob das gewünschte Ergebnis wirklich eintreten wird. Und wenn Sie Sex,

Bestätigung oder Kontakt erwarten, dann ist Ihr Verhalten vor allem ein Versuch, das zu bekommen, was Sie möchten – und es ist deshalb manipulativ.

Es ist immer leichter, sich im Augenblick zu öffnen und in einer spontanen Liebesbegegnung Kontakt herzustellen, als sich mit dem anderen in einer festen Beziehung zu verbinden. Wenn Menschen sich auf eine feste Beziehung einlassen oder wenn sie heiraten, dann werden ihre Ängste vor Mißbilligung, Zurückweisung oder Dominanz aktiviert. In unseren ersten primären Beziehungen, in denen zu unseren Eltern, haben wir alle tief verwurzelte Ängste vor Mißbilligung, Zurückweisung und Dominanz entwickelt, und wir tragen diese Ängste so lange in unsere späteren Primärbeziehungen hinein, bis wir uns mit ihnen konfrontieren und sie aufarbeiten. Für viele Menschen werden diese Ängste in einer simplen Affäre nicht mobilisiert, weil die Furcht vor einem Verlust weniger groß ist. Deshalb können viele Menschen in solchen flüchtigen Beziehungen einen tieferen Kontakt erleben als in ihren Primärbeziehungen.

Eine der Hauptquellen von Mißverständnissen zwischen Männern und Frauen ist die Sexualität. Im Grunde geht es fast immer um einen Mangel an emotionalem und spirituellem Kontakt. Viele Männer, gewiß nicht alle, benutzen Sex als ein Mittel, um einen Kontakt, eine Verbindung herzustellen, jedoch fühlen sich die meisten Frauen erst sexuell stimuliert, wenn eine Verbindung vorhanden ist. Dadurch geraten viele Paare in ein Dilemma. Als weitere Schwierigkeit kommt hinzu, daß viele Menschen Sex zur Selbstbestätigung benutzen, als ein Mittel, um sich gut zu fühlen. Im Grunde leiden sie unter einer sexuellen Sucht. Solche Menschen glauben, ihre guten Gefühle kämen daher, daß sie für das andere Geschlecht attraktiv sind und eine sexuelle Beziehung haben. Der Partner in einer solchen Suchtbeziehung fühlt sich häufig unter Druck, den anderen glücklich zu machen. Bei dieser Art der Interaktion findet ein wirklicher Kontakt nicht statt. Zuletzt fühlen sich beide Partner in dieser Beziehung schlecht und verstehen nicht, warum keine Verbindung entsteht.

Das Bedürfnis nach Sexualität wird entweder aus dem Ego oder aus dem höheren Selbst gespeist. Sex auf der Basis des Ego wird immer in der Absicht praktiziert, etwas zu *bekommen* – Liebe, Kontakt, Bestätigung, Entspannung, einen Orgasmus. Sex auf der Basis des höheren Selbst ist immer ein Ausdruck der Liebe und deshalb ein Akt des *Gebens*. Immer wenn ein Mann versucht, eine Frau dazu zu überreden, mit ihm zu schlafen, dann ist er in seinem Egozustand und versucht, etwas zu *bekommen* – selbst dann, wenn er behauptet, er wünsche es sich nur, weil er sie liebe. Dies trifft natürlich gleichermaßen zu, wenn die Rollen vertauscht sind und die Frau den Mann zu überreden versucht.

Sex auf der Basis des höheren Selbst ist immer eine sehr sinnliche Erfahrung. Wenn Paare aus ihrem höheren Selbst heraus miteinander schlafen, dann brauchen sie nicht erst irgendwelche Tricks zu lernen, wie man das macht. Wenn sie ihre liebevollen Gefühle füreinander ganz natürlich zum Ausdruck bringen, dann ist alles im Fluß. Sexuelle Probleme entstehen dann, wenn sich Ängste oder Überzeugungen des Ego in die Beziehung einnisten und die Partner aus den Persönlichkeitsanteilen des verlassenen Kindes heraus Liebe zu machen versuchen. In dem Augenblick, in dem die sexuelle Energie vom Geben zum Habenwollen wechselt, entstehen Probleme. Selbst dann, wenn ein Mensch bei der sexuellen Begegnung durchaus in einer gebenden Stimmung ist, aber in der übrigen Beziehung vor allem etwas haben will, wird sich das in der sexuellen Beziehung spiegeln. Aber wenn beide Partner aus ihrem höheren Selbst heraus füreinander offen sind und wenn sie die Liebes- und Energieverbindung hergestellt haben, dann wird ihre Sexualität natürlich und frei fließen. Deshalb ist der Versuch, sexuelle Probleme zu lösen, indem man das Verhalten verändert, selten erfolgreich. Nur wenn man nicht länger haben, sondern vielmehr geben will und wenn ein wirklicher Kontakt entstanden ist, werden sexuelle Probleme wirklich gelöst.

Alle Ehe- und Familienprobleme resultieren aus dem fehlenden inneren Kontakt. Da wir nicht lieben und mit anderen keine echte Verbindung haben können, wenn wir uns nicht selbst lieben und mit uns selbst in Kontakt sind, ist dies der eigentliche Schlüssel zur Lösung von Beziehungsproblemen: zu lernen, das innere Kind zu lieben.

V.

VON DER SELBSTACHTUNG, DER KRAFT DER LEIDENSCHAFT UND DEN LIEBEVOLLEN BEZIEHUNGEN

Wenn wir uns entscheiden, mit unserem inneren Kind verbunden zu leben und das Ego zum höheren Selbst zu transformieren, wird das Leben zu einer wunderbaren Erfahrung. Wir fühlen uns friedvoll, zentriert und körperlich gesund. Wir spüren unsere Ganzheit und ein tiefes Mitgefühl, eine tiefe Verbundenheit mit allen Lebewesen. Wir spüren Lebenslust und Freude, auch wenn wir traurig sind.

Je mehr wir lernen, unser inneres Kind zu lieben, desto mehr werden wir uns selbst achten und schätzen. Selbstachtung bedeutet einfach, sich liebenswert, gut genug und wertvoll zu fühlen. Während unser Ego uns sagt, daß Selbstachtung aus der Bestätigung anderer gespeist wird, ist es doch in Wahrheit so, daß Selbstachtung von innen kommt, als Ergebnis dessen, *was der innere Erwachsene über das innere Kind denkt und wie der Erwachsene das Kind behandelt.*

Wenn andere uns bestätigen, fühlen wir uns vielleicht einen Moment lang gut, aber das gute Gefühl verschwindet bald, und wir brauchen mehr Bestätigung, um uns wieder gut zu fühlen. So wird Bestätigung zu einer Sucht – wir brauchen immer mehr, um uns gut zu fühlen. Gute Gefühle aus dem Ego sind immer kurzlebig. Wenn aber der innere Erwachsene das innere Kind eine längere Zeit liebt, lernt das Kind, daß es liebenswert und wertvoll ist. Dieses Wissen ist nicht flüchtig, sondern tief und dauerhaft.

Je mehr Zeit Sie als liebevoller Erwachsener darauf verwenden, Ihr inneres Kind kennenzulernen, desto mehr können Sie es schätzen und genießen, auch einmal allein und ganz bei sich zu sein. Wenn Sie soweit sind, daß Sie es mehr schätzen, bei sich selbst zu sein als bei irgend jemand anderem, dann sind Sie nicht mehr von einem anderen Menschen abhängig. Das soll nicht heißen, daß Sie am liebsten immer allein sein wollen – weit gefehlt.

Wenn Sie die Leere in sich gefüllt haben, indem Sie mit sich selbst in Kontakt sind und sich lieben, fühlen Sie sich so erfüllt von Liebe, daß Sie diese ganz natürlich an andere Menschen weitergeben möchten. Ein Mensch, der mit sich selbst in Kontakt ist, sucht nicht eine Beziehung, um etwas zu bekommen, sondern um andere zu lieben, wie er sich selbst liebt. »Liebe deinen Nächsten wie dich selbst« heißt, daß Sie zunächst sich selbst lieben müssen und erst dann die anderen so lieben können, wie Sie sich selbst lieben. Wenn Sie gerne mit anderen zusammen sind, aber nicht mit sich selbst, so heißt das, daß Sie andere mehr als sich selbst schätzen und daß Sie mit ihnen zusammensein möchten, um etwas von ihnen zu bekommen, und nicht, um ihnen etwas zu geben. Wenn das der Fall ist, sind Sie bedürftig und abhängig. Wenn Sie genug Zeit darauf verwenden, von Ihrem inneren Kind zu lernen, werden Sie immer deutlicher erkennen und wissen, wer Sie sind, und Sie werden gern mit sich allein sein. Die Fähigkeit, mit sich selbst allein sein zu können, ist Ausdruck hoher Selbstachtung.

Sich selbst zu achten, das ist eine Entscheidung. Sie resultiert daraus, wie wir uns mit uns selbst fühlen, was wir über uns selbst glauben wollen, ob wir glauben, daß wir liebenswert oder nicht liebenswert sind. Wenn wir erkennen, daß hohe Selbstachtung aus der Liebe zu unserem inneren Kind gespeist wird und nicht aus der Bestätigung, die wir von anderen erhalten, dann werden wir feststellen, daß wir in der Tat entscheiden können, wie wir uns mit uns selbst fühlen.

Wenn wir uns und andere nicht mehr länger beschuldigen, ihnen keine Gewalt antun und statt dessen unser inneres Kind und andere bedingungslos lieben, verwandelt sich die Härte, die wir vorher zu unserem Schutz vor Verletzungen zu brauchen glaubten, in ein Gefühl der Sanftheit und inneren Stärke.

Sanftheit ist die Energie der Wärme, Zärtlichkeit, Liebe und Kraft, die von Menschen ausgeht, wenn sie mit ihrem höheren Selbst verbunden sind. In diesem Moment kennen und lieben sie sich, beschuldigen sich nicht und tun sich und anderen keine Gewalt an. Sie suchen keine Bestätigung und haben auch keine Angst vor Mißbilligung. Sie sind nicht gehemmt und nehmen die Kritik, Wut oder Ablehnung anderer nicht persönlich. Von Menschen mit persönlicher Stärke strahlt eine sanfte Energie aus, denn solche Menschen können von anderen nicht beherrscht, kontrolliert oder emotional verletzt werden. Sie wissen, wer sie sind, was sie wollen und was sie fühlen, und sie wissen, daß sie das Recht haben zu wollen, was sie wollen, und zu fühlen, was sie fühlen. Wenn wir so im Besitz unserer persönlichen Stärke sind, sind wir jenseits aller Schwäche und aller Gewalttätigkeit. Wir können es uns leisten, sanft zu sein, weil wir wissen, daß wir nicht schwach sind. Dies ist eine Idealvorstellung, aber wir können uns bemühen, mehr Zeit in diesem Zustand zu verbringen. Leider denken viele Leute, wenn sie das Wort »sanft« lesen oder jemanden über Sanftheit reden hören, an einen »Softie«, einen Feigling, einen Versager oder an einen Angsthasen. Offensichtlich werden die Begriffe Sanftheit und Schwäche sehr häufig verwechselt.

Unser Ego hat uns gelehrt zu glauben, daß Sanftheit und Stärke sich gegenseitig ausschließen würden, daß Sanftheit Schwäche bedeute und daß nur Härte zähle. Deshalb sagt uns das Ego, wir könnten nicht zur gleichen Zeit sanft und stark sein. Aber um Liebe zu geben und zu empfangen, müssen wir sanft sein. Liebe wird niemals aus der Härte des Ego gespeist.

Es ist sehr wichtig, den Unterschied zwischen Sanftheit und Schwäche zu verstehen. Wir sind schwach, wenn wir passiv sind, uns aufgeben und anderen erlauben, uns auszunutzen. Wir sind innerlich schwach, wenn wir Angst davor haben, von anderen kontrolliert zu werden, und diese Angst verbergen, indem wir versuchen, andere zu kontrollieren. Wir sind schwach, wenn wir der Bestätigung und Mißbilligung durch andere Bedeutung beimessen. Wir sind immer schwach, wenn wir Angst haben und erlauben, daß diese Angst uns kontrolliert, sei es dadurch, daß wir wütend, kritisch, anklagend oder passiv, übermäßig anpassungsbereit oder rebellisch werden. Mit anderen Worten: Wir sind immer schwach, wenn wir keinen Kontakt zu unserem inneren Kind haben, die Verantwortung für uns selbst abgeben und aus der Angst und den Überzeugungen des Ego heraus handeln.

❧

Wir sind sanft, wenn wir in Kontakt mit uns und angstfrei sind. Dann sind wir auch am stärksten. Pseudostärke, die Stärke, andere zu beherrschen und zu kontrollieren, basiert auf Angst. Auf diese Weise versucht das verlassene Kind sehr oft, andere zu kontrollieren und so zu vermeiden, selbst kontrolliert zu werden. Pseudostärke ist manipulativ, und die

Handlungen, die daraus hervorgehen, bewirken niemals Freude oder Selbstachtung. Echte Stärke, das heißt die Stärke, andere zu unterstützen und ihnen etwas zu geben, nicht sie zu beherrschen und von ihnen etwas zu nehmen, ist sanft.

Im Laufe der Geschichte sind sanfte und starke Menschen, Menschen wie Gandhi, Martin Luther King oder Jesus Christus, von vielen sehr geliebt worden, wenn sie auch im großen und ganzen vor allem auf Ablehnung und Gewalt stießen. Ihrer Sanftmut und Unschuld ist man mit Härte begegnet. Das menschliche Ego ist entschlossen, Sanftheit zu zerstören, weil es sich insgeheim vor ihrer Stärke fürchtet. Das Ego hat vor allem davor Angst, die Kontrolle, die es über uns hat, zu verlieren. Wieso also sollten wir einen Grund haben, sanft zu sein? Die Antwort ist: weil Härte niemandem Freude bringt. Sie können hart und lieblos sein, oder Sie können glücklich sein.

Aber riskieren wir nicht, von denen, die hart sind und aus ihrem Ego handeln, vernichtet zu werden? Bis jetzt haben die meisten von uns geglaubt, die einzige Möglichkeit, auf Härte sinnvoll zu reagieren, wäre, uns mit unserer eigenen Härte zu schützen. *Das ist die Überzeugung des Ego.* Wenn es wahr ist, daß es keine größere Macht als die Liebe gibt, dann erreichen wir am meisten durch Sanftmut. Dieses Gefühl vergrößert unsere Selbstachtung und bringt uns Freude. Wenn Sie an dieser Stelle den Kopf schütteln und sagen: »Nicht mit mir, ich möchte nicht von meinen Mitmenschen beiseite geschoben werden«, dann verführt Ihr Ego Sie dazu, zu glauben, daß Ihre Härte Sie wirklich vor der Härte anderer schützen könnte.

Das Ego möchte uns glauben machen, daß wir bei einem Angriff zum Gegenschlag ausholen müßten. Aber alles, was wir damit erreichen, ist Krieg – in den Familien, in unserer Gesellschaft und in der Welt. Sicher, wenn in vergangenen Jahrhunderten eine Nation oder Gesellschaft eine andere angriff, wurden diejenigen, die nicht zurückgeschlagen haben oder die keine geeigneten Waffen hatten, von denen mit den »mächtigeren« Waffen überrannt (mächtig im Sinne von Macht über andere).

Aber wenn wir heute weiterhin aus diesen Grundsätzen heraus handeln, werden wir uns selbst auslöschen. Es ist nun an der Zeit, daß wir über die harte Stärke des Ego hinauswachsen und zur sanften Stärke des höheren Selbst finden. Wir wissen allerdings, daß das Ego seine Herrschaft nicht so leicht aufgeben wird.

Eine ganz wichtige Voraussetzung für ein glückliches Leben ist, Ihre Leidenschaft zu entdecken. Das bedeutet, sich ganz auf eine Erfahrung einzulassen, die Sie unbedingt machen müssen, um sich selbst zu verwirklichen, um zu spielen und zu lernen. Das heißt, physisch, emotional, intellektuell und spirituell etwas über eine Sache zu lernen und kreativ zu werden. Was Sie lieben – das ist es, was Begeisterung und Schwung in Ihr Leben bringt. Wenn Sie Ihre Leidenschaft oder Ihre Leidenschaften entdecken, dann spüren Sie den Wert Ihrer Persönlichkeit und werden von Ihren Süchten geheilt. Wenn Sie sich in Ihrem Leben für etwas leidenschaftlich engagieren, dann gibt Ihnen das eine Stärke, die Ihnen niemand wegnehmen kann.

Es ist kein Luxus, diese Erfahrung zu machen, sondern eine Notwendigkeit, denn ohne diese besondere Erfahrung, die unserem Leben einen Sinn gibt, neigen wir dazu, ziellos umherzuwandern auf der Suche nach jemandem oder etwas, das die Leere in uns füllen könnte. Ihr Ego wird alles unternehmen, um Sie von dieser wertvollen, stärkenden Erfahrung fernzuhalten. Es wird Ihnen sagen, daß Sie weder Geld noch Zeit hätten oder daß Sie zu einer bestimmten Sache nicht in der Lage wären, oder daß es draußen einfach nichts gäbe, was Sie wirklich interessieren könnte, und daß es deswegen auch keinen Zweck habe, danach zu suchen.

Einige Menschen engagieren sich leidenschaftlich für den Sport, andere für die Kunst oder kreative Tätigkeiten. Manche geben sich ihren Beschäftigungen hin, aber es fehlt ihnen das leidenschaftliche Engagement, weil sie diese Aktivitäten als Suchtmittel verwenden, um ihre innere Leere zu füllen, und nicht als kreativen Ausdruck ihrer Lebendigkeit. Wiederum andere haben überhaupt keine Ahnung, wo sie anfangen könnten zu suchen. Anfangen müssen wir aber bei unserem inneren Kind.

Ihr inneres Kind ist der Aspekt der Leidenschaft in Ihnen. Das Kind in Ihnen kann Ihnen sagen, welches Ihre wahren Interessen sind. Wenn Sie immer mehr Zeit darauf verwenden, mit und von ihrem inneren Kind zu lernen, werden Sie allmählich ganz von selbst zu Ihren Leidenschaften hingeführt werden. Ihr Kind weiß die Antwort und hat wahrscheinlich schon lange versucht, Sie Ihnen mitzuteilen. Wie oft haben Sie sich schon sagen hören: »Das würde ich irgendwann einmal gerne ausprobieren« oder »Eines Tages werde ich …« Sicher: Solche Sätze sagen wir oft einmal, aber wir werden nur selten aktiv, um unsere Visionen zu realisieren. Sie können Ihre Leidenschaften aber nur entdecken, wenn Sie verschiedene Wege ausprobieren und dabei für Ihr inneres Kind stets offen bleiben. Kinder geben sich von Natur aus sehr vielen Aktivitäten voller Begeisterung hin: Tanzen, Kunst, Musik, Bücher, Basteleien, Briefmarkensammlungen, Theaterspielen, Sport, Spiele. Wenn sie größer werden, werden sie oft wegen ihrer Leidenschaft und Intensität kritisiert, oder ihre Interessen werden für unwichtig erklärt und ins Lächerliche gezogen. Gab es in ihrem

Leben auch eine Leidenschaft, die sie vor langer Zeit aufgegeben haben?

Leidenschaft kann ein Aspekt Ihrer Erwerbstätigkeit sein oder nicht. Es ist wunderbar, wenn wir eine Arbeit haben, die uns begeistert und die wir genießen, und wir können uns alle darauf zu bewegen. Aber bis wir wirklich dort angelangt sind, können wir daran arbeiten, unsere Leidenschaften zu entdecken und zu fördern. Das gibt unserer Arbeit mehr Bedeutung, und wir haben in unserem Leben ein Ziel vor Augen, auf das wir mit Freude hinarbeiten können.

Wir können haben, was wir uns wünschen – hohe Selbstachtung, persönliche Stärke, Lebendigkeit, Leidenschaft und liebevolle Beziehungen –, aber nur dann, wenn wir lernen, uns selbst und andere bedingungslos zu lieben. Wenn wir unser inneres Kind lieben, werden wir auch andere lieben und liebevolle Beziehungen haben. Um einen anderen Menschen lieben zu können, müssen Sie sich selbst lieben. Gerade in dem Augenblick, in dem Sie sich selbst lieben und akzeptieren, sind Sie in Ihrem höheren Selbst und fähig, einen anderen Menschen zu lieben. Andere zu lieben ist ein Akt der *Selbstliebe*, weil es Sie glücklich macht und Ihre eigene Selbstachtung hebt.

Um einen anderen Menschen lieben zu können, müssen Sie bereit sein, sich selbst glücklich zu machen, indem Sie sich der Bedürfnisse Ihres Erwachsenen und Ihres Kindes bewußt sind und danach handeln. Wenn Sie jemand anderen für Ihr Glück verantwortlich machen, werden Sie ihm auch für Ihr Unglück die Verantwortung zuschieben. Sie verhalten sich anderen gegenüber nicht liebevoll, wenn Sie ihnen die Schuld für Ihr eigenes Unglück geben. Wenn wir einmal die Verantwortung für unser persönliches Glück übernommen haben und liebevoll mit uns selbst umgehen, dann sind wir fähig, andere zu lieben.

Liebe ist eine Funktion des höheren Selbst. Das höhere Selbst ist Liebe und *möchte* lieben, während das Ego nur darum bemüht ist, Liebe zu bekommen und Schmerz zu vermeiden. Wir können Angst haben und Schmerzen und immer noch lieben. Aber wir können nicht lieben und uns zugleich *davor schützen*, unsere Angst und unseren Schmerz zu fühlen und dafür die Verantwortung zu übernehmen. Wir treffen in jedem Augenblick unseres Lebens die Entscheidung, zu lieben oder nicht zu lieben, abgetrennt und in unserem Ego zu sein oder in Kontakt mit unserem höheren Selbst. Wenn wir Angst haben, entscheiden wir uns vielleicht dafür, uns zu schützen, indem wir den inneren Kontakt abschneiden, aber wir können uns genauso für die Liebe entscheiden, obwohl wir

Angst haben oder uns verletzt fühlen. Das ist ein Ziel, auf das wir uns beständig zu bewegen, wenn wir uns dafür entscheiden, mit unserem Kind zu lernen und die falschen Überzeugungen unseres Ego in Frage zu stellen. Wenn wir in jedem Augenblick liebesfähig wären, kämen wir wirklich erleuchteten Wesen gleich. Aber wir sind es nicht – wir sind nur liebenswert menschlich.

VI.

VOM LIEBEVOLLEN INNEREN ERWACHSENEN UND DER BEDINGUNGSLOSEN LIEBE

Was in unserer Kultur vor allem fehlt, ist ein adäquates Rollenvorbild für einen liebevollen inneren Erwachsenen. Die Medien liefern es nicht, und nur wenige von uns hatten Eltern, deren inneres Kind mit dem liebevollen inneren Erwachsenen verbunden war. Deshalb konnten Eltern auch meistens kein Rollenvorbild für uns sein. Sie waren lieblos zu sich selbst und deswegen auch lieblos zu uns, und unser eigener innerer Erwachsener wurde entsprechend diesem lieblosen Vorbild geprägt.

Wir alle haben jedoch ein inneres Kind, das ganz genau weiß, was es will und braucht, um sich geliebt zu fühlen. Wir wurden mit dem Wissen über die Liebe und darüber, wie gut und richtig sie sich anfühlt, geboren, und tief in uns wissen wir, wann sie nicht vorhanden ist. Man hat uns systematisch beigebracht, diesem Wissen zu mißtrauen, und so haben wir es gelernt, die Botschaften unseres Kindes zu mißachten. Wenn wir uns dafür entscheiden, dieses Kind kennenzulernen, öffnen wir die Tür zum Wissen über die Liebe.

Es mag jedoch sein, daß unser inneres Kind uns nicht sofort etwas über die Liebe beibringen möchte, weil es uns nicht vertraut. Wenn es sich bis jetzt noch kaum jemals von Ihnen geliebt gefühlt hat, ist es vielleicht zu verletzt, um zu sagen: »So möchte ich von dir geliebt werden.« Ihr inneres Kind wird aus diesem Grund vielleicht nicht viel zu Ihnen sagen. Deshalb ist es die Aufgabe des erwachsenen Teils in Ihnen, zu entdecken, wie man das innere Kind wirklich liebt.

Die meisten von uns haben mehr über liebloses als über liebevolles Verhalten gelernt. In unserer Kindheit haben wir unsere Eltern, Lehrer, Verwandten, Geschwister oder Gestalten aus Büchern, aus dem Fernsehen oder dem Kino zum Vorbild genommen, um zu entdecken, wie wir in der Welt zurechtkommen können. Wir haben ihre Umgangsformen, Lebenseinstellungen und Verhaltensweisen nachgeahmt. Sie haben für uns definiert, wie wir sein müßten, und wir haben entschieden, daß es so richtig sei. Der sich entwickelnde innere Erwachsene des kleinen Kindes lernt von den Erwachsenen, mit denen das Kind zu tun hat, was es heißt, erwachsen zu sein. Wenn die Erwachsenen mit sich selbst und anderen lieblos und schlecht umgehen, lernen die Kinder, sich selbst und andere schlecht zu behandeln. Nur wenn die Erwachsenen liebevoll mit sich und mit ihren Kindern umgehen, nur wenn sie von ihrem eigenen inneren Kind und von anderen lernen, wird das Kind ein Vorbild für liebevolles Verhalten haben.

Ein liebevoller Erwachsener für unser inneres Kind zu sein heißt, daß wir *ohne Bedingungen* lieben. Es heißt, daß unsere Liebe *zuverlässig und beständig* ist, gleichgültig wie unser inneres Kind sich fühlt oder verhält oder was unser Kind braucht oder wünscht. Unser Kind kann sich darauf verlassen, daß wir *offen dafür bleiben, von ihm zu lernen und in seinem Interesse zu handeln*, sogar wenn das Kind verstört oder wütend ist oder wenn es ein tiefes Leid spürt oder wenn es sich etwas wünscht, was im Widerspruch zu den Wünschen des Erwachsenen steht. Genauso wie sich leibliche Kinder nicht geliebt fühlen würden, wenn wir sie ein- oder zweimal in der Woche fütterten, wenn wir ihrem Leid nur gelegentlich Aufmerksamket schenkten oder wenn wir nur selten lustige Dinge mit ihnen unternehmen würden, wird sich auch Ihr inneres Kind erst dann geliebt fühlen, wenn es darauf vertrauen kann, daß Sie *immer* da sind.

Wenn wir an bedingungslose Liebe denken, dann kommen uns Bilder von fliessender Sanftheit in den Sinn. Die Stärke, sich, auch im Angesicht von Furcht, der

Liebe zuzuwenden, gibt ein Gefühl von Kraft und Schönheit. Manche Menschen haben das Gefühl, daß es bedingungslose Liebe nicht gäbe, daß sie etwas Absolutes sei, das nie erreicht werden könne. Wir dagegen haben das Gefühl, daß sie ein Ziel ist, daß Sie, sooft Sie wollen, wählen können.

Wir haben alle die Macht, uns, wann immer wir wollen, für ein liebevolles Verhalten gegenüber unserem Kind zu entscheiden. Um uns liebevoll zu verhalten, müssen wir Liebe spüren, das heißt, wir dürfen unser Kind nicht verurteilen oder beschämen. Wir glauben vielleicht, daß wir unser Kind lieben, jedoch fühlen und verhalten wir uns ihm gegenüber nicht liebevoll. Es reicht nicht aus, darüber zu sprechen, unser Kind zu lieben. Sie müssen es spüren und danach handeln. Ihr inneres Kind bedingungslos zu lieben heißt, sich ihm zu *widmen*. Wenn jemand sagt, er liebe sein inneres Kind, aber nicht im Interesse der Bedürfnisse des Kindes handelt, dann widmet er sich dem Kind nicht ganz und gar – er möchte, daß jemand *anderes* sich dem Kind widmet. Ein Mensch kann sein inneres Kind mögen, aber sich ihm trotzdem nicht widmen. Erst wenn das geschieht, liebt er das Kind bedingungslos. Wenn Sie sich Ihrem inneren Kind wirklich hingeben, lassen Sie es nicht leiden. Wenn Ihr Kind unglücklich ist, kommen Sie herbeigeeilt, um etwas über die Gründe zu erfahren und zu hören, wie das Kind wieder glücklich gemacht werden könnte. Wenn Sie Ihr inneres Kind ignorieren und es Ängste oder Schmerzen leiden lassen oder darauf warten, daß jemand anderes die Sache in die Hand nimmt, dann verhalten Sie sich sehr lieblos. Liebevolle Dinge zu Ihrem inneren Kind zu sagen reicht nicht aus – Sie müssen auch die Verantwortung dafür übernehmen, so zu *handeln,* daß die Bedürfnisse Ihres inneren Kindes erfüllt werden.

Wenn Sie lernen, Ihr inneres Kind zu lieben, dann werden allmählich die Angst, der Schmerz und die Einsamkeit des verlassenen Kindes heilen. Sie erleben die Freude, Leidenschaft und Vitalität Ihres geliebten Kindes und erschaffen die Liebe, die Stärke und das Mitgefühl Ihres höheren Selbst. Der Schlüssel zu all dem ist, zu lernen, Ihr inneres Kind liebevoll zu umsorgen.

Quellennachweis

Von Erika J. Chopich und Margaret Paul
sind im Verlag Hermann Bauer erschienen:

Aussöhnung mit dem inneren Kind

256 Seiten, geb.; ISBN 3-7626-0536-X

Das Arbeitsbuch zur Aussöhnung mit dem inneren Kind

208 Seiten, kart.; ISBN 3-7626-0481-9

Aussöhnung mit dem inneren Kind

Gesprochene Texte aus dem Arbeitsbuch
mit Musik, eigens
für diese Aufnahme komponiert
CD: ISBN 3-7626-8745-5
MC: ISBN 3-7626-8744-7

Verlag Hermann Bauer · Freiburg im Breisgau